L'esprit

de la

Philosophie de Schopenhauer

par

G. de Spiegel.

Darmstadt & Leipzig.
Eduard Zernin.
1863.

L'esprit

de la

Philosophie de Schopenhauer

 par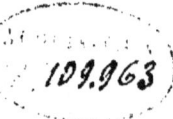

G. de Spiegel.

Darmstadt & Leipzig,
Eduard Zernin.
1863.

Imprimerie de C. W. LESKE à Darmstadt.

Table des matières.

Introduction.
Le monde comme phénomène.
Du monde comme volonté et de ses phénomènes.
De l'idée de Platon et de l'objet de l'art.
De l'affirmation et de la négation de la volonté.
Conclusions.

1. Kant n'a pss suffisamment séparé l'entendement intuitif, de l'entendement abstrait. Ce qu'il nomme l'objet de l'expérience, n'est ni le résultat de l'intuition, ni celui d'une notion abstraite; c'est quelque chose de mixte — produit de l'impression de nos sens et puis travaillé par notre raison — divisé pour ce but en 12 classes de fonctions ou jugements, qui nous sont inhérents par la nature ou a priori.

Cependant selon Schopenhauer le premier but de l'objet est son intuition et ce que reste en nous de cette intuition, ce sont des notions. Ces notions se produisent par la réflection et cette dernière est la fonction de la raison, qui agit d'après des lois a priori. De ces 12 classes de jugements il en rejette 11, et n'admet que celle de la causalité; il regarde outre cela l'intuition toujours aussi intellectuelle que sensuelle, et nomme l'objet ainsi regardé, l'objet de l'expérience qui ne fait qu'un avec le monde phénoménal, et dont il ne reste plus à distinguer que la chose en soi.

2. Kant se sert du mot substance, qui est selon lui autre chose que la matière. Dans le substance, il y a encore une substance immatérielle, dont il construit l'âme. Schopenhauer dit: la raison, dans sa marche normale, forme ses notions du genre toujours par plusieurs notions d'espèce, lesquelles contiennent toutes quelque chose de la première, sans en renfermer cependant entièrement les marques. Il s'en suit que les notions de l'espèce précèdent toujours les notions de genre, mais dans le cas en question, le contraire a lieu. Cette notion de substance n'est donc pas seulement inutile, parce que la notion de matière renferme déjà la première; mais elle entraîne aussi après elle des conséquences qui embrouillent la chose; car le corps et l'âme deviennent par là des substances différentes, tandis que l'homme en réalité est à la fois objet et sujet; car s'il se considère dans

son physique, il voit une matière étendue dans l'espace, et s'il se regarde par la perception, il rencontre un être, qui a de l'intuition et de la volonté. Donc, reconnaître, penser, vouloir sont des émanations du corps, dont la première matière est la matière générale.

3. Kant n'a jamais expliqué la chose en soi, il la regarde comme une chose qui a une cause inintelligible, à laquelle il donne même par rapport à l'homme le nom de raison.

Schopenhauer dit: la chose en soi, c'est la volonté, et elle se manifeste d'une manière intelligible non seulement dans l'homme, mais aussi dans tous les autres phénomènes du monde. Le libre arbitre n'est donc pas la raison, mais l'idée de la propre volonté qui loge dans chaque conscience humaine. Cette volonté est le créateur de tout ce qui existe, elle est la chose en soi, indépendante de toute nécessité, libre et toute puissante.

4. Kant explique Dieu en disant, que notre connaissance des choses isolées, de plus en plus limitée, produite toujours des notions plus générales et, enfin une notion qui comme la plus générale de toutes, renferme toutes les réalités possibles.

Schopenhauer déclare ce procédé un péché contre les règles de la conclusion, parceque toutes les notions générales résultent des abstractions des choses réelles, poussées jusqu'à l'extrémité peuvent bien tout embrasser; mais elles n'auront point de contenu réel. Chaque raison doit ou peut du moins parvenir, sans l'apocalypse, à la notion de Dieu, mais le procédé est seulement possible avec l'aide de la raison de causalité.

5. Kant regarde la raison comme la source et la chose primitive de toutes les actions éthiques de l'homme, et il voit en elle la base de toutes les vertus, de tout ce qui est noble et même de tout ce qui est saint.

Schopenhauer est de l'opinion qu'on a fait dans tous les tems, chez tous les peuples et dans toutes les langues une distinction entre une vie raisonnable et une vie vertueuse. Chez les Latins le mot raison était sinonyme de prudence et on n'entendait sous le mot de raison qu'une force spirituelle. Il est donc peu douteux, que la signification du mot raison a plus de ce rapport à nos intérêts qu'à nos vertus, et qu'on commettrait une espèce de blasphémie, si l'on voulait nommer la vie de Jésus, vie toute-à-fait vertueuse, une vie raisonnable. Donc, la raison n'est autre chose que la faculté des notions.

6. Kant représente le suprême bien comme une union de la vertu et de la béatitude, et quoique la dernière ne doive pas justement être le motif de la vertu, elle parait toujours être en droit de demander une récompense.

La véritable vertu est, selon Schopenhauer, dans son dernier dégré une résignation complète de toute la volonté, de manière, que tout vouloir parait à bout, et la béatitude est le résultat de cet anéantissement de la volonté.

7. Kant exige qu'on sépare sévèrement la doctrine du droit, de celle de l'éthique, sans admettre cependant, que la législation positive soit indépendante de la première. Il la base sur la notion du droit a priori. Outre cela, sa définition du droit est tout-à-fait négative; hors de l'Etat il n'existe aucun droit et la prise de possession est une acquisition de droit.

Selon Schopenhauer, la notion du droit est basée sur l'éthique; car sans cela elle serait pendante entre le Ciel et la Terre; le droit dans son origine est fondé sur ce point, de n'entraver aucune sphère de volonté, si celle-ci n'a pas blessé d'autres; ce principe, basé sur l'éthique, appliqué aux actions, prouve qu'il y a aussi un droit hors de l'Etat. Chaque possession par là n'existe de droit que dans le cas où elle est le produit d'un travail où d'une peine quelconque, de manière qu'une certaine identification a eu lieu avec le corps du propriétaire.

Les doctrines de la philosophie de Schopenhauer ont quelques analogies avec celle du Bouddisme, principalement sous ce rapport, que la volonté individuelle, étouffée, déprimée, anéantie, mène au repos éternel ou à la béatitude, tandis que là, où elle conserve son empire, l'individu est soumis à une espèce de métempsicose, c'est-à-dire, que la volonté, séparée par la mort de son corps, se forme de la matière générale un autre corps, dans lequel commence sous l'influence des dispositions antérieures une nouvelle vie.

Ce que nous venons de dire ici, deviendra plus clair, quand on aura lu le chapitre qui traite cette question; mais on voit par là comme Schopenhauer diffère de tous les autres philosophes en mettant la volonté au dessus de l'intelligence, qu'il ne regarde que comme le résultat de la matière et comme une sauvegarde de l'individu.

Schopenhauer est partisan de ce que Platon nomme des idées et il entends par là les phénomènes de la volonté qui se manifestent, suivant différentes gradations dans le règne organique et dans l'inorganique, y compris même les facultés générales qui deviennent visibles dans la nature. Selon lui, ces idées ne renferment pas seulement l'objet, mais aussi ce que regit et active l'objet et c'est la volonté ou la chose en soi.

Quant à la philosophie de Spinoza, Schopenhauer caractérise lui-même la différence qui existe entre cette philosophie et la sienne, en disant, que c'est la même qui existe entre l'ancien et le nouveau Testament. Toutes les deux ont de commun le Dieu-Créateur. Chez Spinoza comme chez Schopenhauer le monde est le résultat de sa propre force. Mais chez Spinoza l'essence intérieure du monde, la substantia aeterna, est le Jehova ou le Dieu, tandis-que chez Schopenhauer cette essence intérieure c'est la volonté, dont le Sauveur crucifié est le sublime symbole. Il en tire en même tems la consequence, que son éthique est tout-à-fait en harmonie avec les tendances chrétiennes.

Schopenhauer s'écarte principalement des Panthéistes dans leurs doctrines de l'optimisme et dans ce que leur être suprême est quelque chose où nous manquent les facultés pour le comprendre. Selon lui, la volonté explique tous les phénomènes, mais il faut partir dans les recherches de l'expérience et de la conscience individuelle et observer une marche ascendante, au lieu de la marche contraire que suivent les Panthéistes. Le monde n'exclue pas du reste la possibilité de l'existance d'un tout autre être et on peut même supposer que le monde est le produit de la volonté la plus parfaite.

Après avoir montré en peu de mots en quoi les vues de Schopenhauer, diffèrent de quelques-uns des systèmes philosophiques régnants, contemplons maintenant les différentes matières dont il a tiré les bases de ses doctrines et comment celles-ci réfutent le matérialisme et quelques autres systèmes philosophiques moins en vogue.

Le monde comme phénomène.

La thèse: „Le monde est mon phénomène", que Schopenhauer met à la tête de sa philosophie, n'exprime pas autre chose, si ce n'est que le monde est le produit de mon organisation, car si j'étais autrement organisé, je le verrais aussi d'une autre manière.

Le même sens est contenu dans les thèses „point d'objet, sans sujet", et „nous ne connaissons des choses, que les phénomènes; mais ce que sont les choses réellement, nous l'ignorons"; ces thèses ont été prononcées avant Schopenhauer et reconnues comme vérités.

Les facultés, par lesquelles nous voyons le monde tel qu'il se présente, sont des connaissances a priori selon Kant, tandis que Schopenhauer établit une différence dans ces connaissances a priori. Il les sépare en produits intuitifs et en produits abstraits, regarde les premiers comme dépendants tous de la thèse de la raison, thèse qui renferme tout ce que se présente dans l'espace, la succession du tems et par les lois de la causalité, et les produits abstraits, comme non visibles, créant les notions et constituant le grand privilège de l'homme, sans être soumis au principe de la raison. Cependant l'homme est objet et sujet en même tems, c'est-à-dire qu'il est l'intuition et son phénomène; car il se voit lui-même et existe dans l'espace, la succession du tems et est soumis aux effets de la causalité d'un coté, et se trouve de l'autre hors de ses principes de la raison.

Il ne faut pas confondre le sujet phénoménal avec celui qui ne l'est pas, puisque le dernier ne fonctionne pas en contact avec les objets mêmes, tandis que le premier opère toujours au moyen du contact, c'est-à-dire par les sens et par l'impression qui résulte des causes et des effets. Ce dernier procédé fait supposer un jugement, et il en existe un en vérité dans toute la vie animale. Ainsi pour donner un exemple, le chien, quand il fait froid, cherche pour se coucher un endroit où il y ait du soleil et l'ombre quand il fait trop chaud. Cependant ce jugement assez obscur chez les animaux et qui est sans la moindre cohérence avec des notions abstraites, se montre dans tout son développement chez l'homme, sans exclure pourtant aussi dans sa race une foule de dégrés de perfection. Mais la faculté qui donne à l'être humain sa supériorité sur toute la création, c'est la raison même. Aussi longtems que nous nous occupons de l'intuition seule, tout est clair, fixe et certain; il n'y a ni doute, ni erreur, il règne en nous le calme et la satisfaction du présent. Dès que la réflexion, cette suprême faculté de l'entendement, se mêle à la pure contemplation, l'incertitude parait avec ses tourments. L'animal est sous l'impression du moment; la crainte seule peut dompter ses désirs, et c'est elle qui le rend enfin obéissant par habitude. Il voit et il sent, mais outre cela l'homme pense et sait; cependant tous deux ont du vouloir.

La réflexion, cette réverbération de l'entendement intuitif, est le produit de la raison qui donne à l'être humain toute sa puissance et cause toutes ses peines; c'est par elle et surtout au moyen du langage qu'elle opère ses merveilles, telles que l'action commune de milliers d'individues, la civilisation, l'Etat, la science, la transmission des expériences, la propagation des vérités, ainsi que celle des erreurs. La raison fonctionne aussi d'après des lois a priori. Son activité consiste à réfléchir à juger — mais à juger des relations des choses — et à conclure. De ces différentes fonctions spirituelles on a formé une science, la logique, que Schopenhauer regarde comme de peu de valeur pratique, parce qu'elle nous apprend avec peine quelque chose qui nous appartient en propre par la nature et qu'elle est seulement de quelque utilité pour les disputes et pour l'éloquence. L'entendement de la raison se réduit aux quatre thèses: de l'identité, de la contradiction, de l'exclusion du troisième et de la raison suffisante pour l'entendement. Ce qui va au de là n'appartient plus à la logique parce que cela suppose déjà des relations et des combinaisons qui ne sont propre qu'à l'intuition phénoménale.

Le savoir comprend toute connaissance abstraite acquise par l'opération de la raison. Le sentiment est en quelque façon l'antithèse du savoir, parce qu'on n'a pas une notion abstraite de ce qu'on éprouve. La marque caractéristique de tous les sentiments consiste donc dans l'absence d'une abstraction claire d'une chose.

Quelque valeur qu'aient aussi les notions abstraites, elles ne peuvent ni toujours, ni entièrement remplacer les produits de l'intuition même. De la différence qui existe entre eux deux, résulte même une apparition qui n'est propre qu'à l'homme, c'est le rire; car le rire est le produit de la subite découverte qu'il n'y a rien d'homogène entre une notion et un objet réel.

La même différence entre l'entendement abstrait et l'entendement intuitif s'observe aussi dans les sciences — qui, comparées au savoir se montrent comme l'entier vis-à-vis du fragment — dont l'évidence est toujours plus sûre, si elle est basée sur l'intuition, que sur des preuves abstraites. Les mathématiques en donnent un exemple. Cette science puise le fond de ses vérités dans l'intuition de l'espace, et si la logique qui, comme une science entièrement abstraite, passe pourtant pour aussi évidente que la première, la raison en est seulement, que les facultés intellectuelles nous sont innées, et agissent comme dans l'intuition, d'après des lois a priori.

Toutes les autres sciences sont plus ou moins basées sur ce que constate successivement l'expérience, elles ont besoin d'hypothèses et de tirer la raison des conséquences, tandis que les sciences a priori peuvent conclure directement de la raison aux conséquences. Quant à la raison pratique, qui doit guider nos actions, puiser les motifs dans les notions abstraites et ne pas obéir aux impressions du moment, elle est entièrement dénuée de valeur éthique; car des actions raisonnables se distinguent beaucoup des actions vertueuses; les premières sont principalement dirigées d'après le contentement de nos intérêts sous des apparences qui ne nous sont pas nuisibles dans l'opinion publique; tandis que des actions vraiment vertueuses doivent exclure tout égoïsme quelque nom qu'il porte, renoncer à la béatitude terrestre, ne pas craindre la honte même et laisser de coté tout calcul d'une récompense dans l'autre vie.

Pour concilier cette différence d'un côté et pour fixer de l'autre un point suprême pour le développement le plus parfait de la raison pratique, les diverses écoles philosophiques ont établi des doctrines. Toutes contiennent plus ou moins, que les privations et les peines ne sont pas le résultat „du non-avoir, mais du vouloir-avoir", et que toutes les douleurs y ont leur source. On sait de plus par l'expérience, que ce sont l'espoir et les prétentions qui font naître nos désirs et les nourissent, mais que les maux communs et inévitables pour tous, comme les biens inaccessibles à tous, ne nous tourmentent pas, ou du moins troublent peu notre calme.

Cette observation a dû conduire à la conviction, que le repos de notre être peut seul nous donner la plus grande somme de bonheur possible, et que la raison pratique peut nous y conduire en nous faisant voir la vie telle qu'elle est, c'est-à-dire toute sa nullité, ses illusions, l'inconstance des choses, la brièveté de l'existence, le vide des jouissances, l'instabilité du bonheur terrestre, les caprices du hasard etc. Ces perceptions peuvent seules produire en nous cette indifférence contre les accidents agréables ou desagréables de la vie, cette humeur égale et cette fermeté de résolution qui nous enlève aux tortures du doute dans nos actions. Vivre selon ces principes peut bien nous rendre heureux, mais une telle vie, qui trahit déjà l'égoisme par sa tendance vers le bonheur n'a pas une base vraiment vertueuse. Cette base se trouve cependant dans le Christianisme, qui enseigne avec raison que toutes les oeuvres extérieures n'ont point de valeur, si elles ne sont pas produites par le vrai sentiment de l'amour pure. Car les oeuvres de vertu ne doivent avoir leur source que dans la foi, qui vient du saint esprit; elles ne doivent pas être le résultat d'une volonté réfléchie, qui a la loi seule devant les yeux; mais le produit de la conscience intuitive, qui vient dans son suprême degré de l'action de la grâce et nous mène enfin à la béatitude et à la délivrance.

Du monde comme volonté et de ses phénomènes.

Si l'on examine le nombre presque infini des sciences, on trouve qu'elles se réduisent dans leur essence à deux grandes classes, dont l'une s'occupe des formes stationnaires et l'autre des changements de la matière d'après la loi des causes et des effets. Mais aucune science parmi ces deux grandes classes, la morphologie et l'aetiologie, ne nous explique la chose en soi, et pour les vertus mystérieuses qui produisent les phénomènes, nous n'avons que ces dénominations vagues: la force de la nature et la loi de la nature. La conscience que nous portons en nous-mêmes que nous sommes également sujet et objet, et qu'en nous le considérant et le considéré se trouvent réunis, cette cohérence peut nous donner la clef de ce qui existe encore derrière les phénomènes, si nous nous prenons pour base et appliquons ce que nous meut, aux autres phénomènes du monde. Ce que agit en nous n'est autre chose que la volonté et par elle les actions de notre corps deviennent visibles; car en général ce qui est contre la volonté se manifeste comme une douleur et ce qui est en harmonie avec elle, produit du bien-être et toutes nos actions portent, naturellement à différents degrés, le cachet de ces impressions. L'identité de notre corps et de notre volonté est même telle, que des affections, ainsi que des actions extraordinaires de notre volonté, troublent aussi la marche des fonctions vitales de notre corps.

Il faut distinguer la volonté pure et la volonté arbitraire ou la spontanéité; cette dernière agit toujours au moyen de l'intelligence d'après des motifs, tandis que la volonté pure est l'action de l'irritabilité, comme par exemple la circulation du sang, la digestion, la sécrétion etc.

Il y a aussi des actions mixtes qui s'exécutent en même tems par l'irritabilité et d'après des motifs. La pupille de nos yeux se rétrécit quand elle est irritée par trop de lumière, mais elle le fait aussi par un motif quand nous voulons examiner un très petit objet avec plus d'attention.

Comme preuve de la puissance de la volonté arbitraire on cite des exemples de nègres dans l'état d'esclavage qui se sont suicidés en arrêtant leur respiration.

Quelques différentes que soient cependant les manifestations de la volonté, elle est toujours une et travaille continuellement en nous à notre escient ou à notre insu. Le corps et l'esprit se fatiguent et ont besoin de repos; mais la volonté ne se lasse jamais, elle est active même pendant notre sommeil et cause les rêves. Mais non seulement elle règne dans le corps, elle est même chez lui le primitif et le forme selon ses besoins; car le cerveau de l'embryon se change en partie en rétine, parce qu'il veut apercevoir les phénomènes du monde; la muqueuse du canal intestinal se transforme en poumons, parce que le corps veut entrer en rapport avec les substances de l'air; le système capillaire forme des organes de génération, parce que l'être naissant veut propager la race.

Si nous examinons l'organisation des animaux, nous trouvons de même qu'elle répond toujours exactement à leur genre de vie. On peut douter si ce n'est pas l'organisation qui a prescrit le genre de vie, parce que dans la succession du tems, l'organisation a précédé le genre de vie et qu'ainsi l'animal a dû prendre le genre de vie qui lui était dicté par son organisation, de sorte, que l'oiseau doit voler parce qu'il a des ailes et que le taureau doit pousser parce qu'il a des cornes. Mais l'expérience s'élève contre cette supposition, car beaucoup d'animaux qui sont encore dans la croissance manifestent déjà la volonté de l'usage des membres qu'ils n'ont pas encore réellement; ainsi par exemple les boucs, les taureaux, les veaux poussent avec la tête sans avoir encore des cornes; de même le jeune sanglier attaque avec les parties de sa bouche où se trouveront plus tard les défenses, qui lui manquent, tandis qu'il ne se sert pas des dents qu'il possède déjà et avec lesquelles il pourrait en effet mordre. Cette thèse que la volonté préside à l'organisation et que la dernière doit partir d'un point d'unité intérieure et répandre son activité successivement vers l'extérieur se manifeste encore par la parfaite harmonie qui règne dans les détails des arrangements, pour que chaque espèce d'animale accomplisse son but, c'est-à-dire sa conservation.

Cette espèce d'animal qui vit de combat et de rapine a des dents et des griffes terribles, ses muscles sont formidables, la vûe chez quelques-unes s'étend très loin pour qu' elles puissent découvrir le butin. Une autre espèce qui n'a pas primitivement voulu lutter, mais plutôt chercher son salut dans la fuite a, au lieu d'armes, des jambes légères et alertes, comme aussi l'ouïe fin. C'est d'après cette vololonté primitive que les oiseaux de marais ont de longues jambes, de longs cous et de longs becs pour pouvoir attraper les reptiles dans les marais; les hiboux des pupilles monstrueuses pour découvrir dans la nuit leur proie et pour que leur vol ne trouble pas les dormeurs, ils sont doués de plumes extrêmement molles.

Parmi les persécutés ceux, qui ne peuvent pas se sauver par la fuite, portent des armures comme le porc-épic, le hérisson, la tortue etc. D'autres sont doués de qualités particulières pour duper leurs persécuteurs, comme la sépia, qui laisse échapper au moment du danger un liquide brun, qui l'enveloppe de ténébres; comme l'aï, qui a pour sa protection tout-à-fait l'air d'une branche d'arbre couverte de mousse; comme la rainette qui, pour sa sûreté ressemble par la couleur à une feuille d'arbre.

Là, où tous ces dons n'ont pas paru suffisants pour protéger la matière ainsi organisée, la volonté a ajouté dans l'intérêt de la conservation de l'espèce, l'intelligence. Elle sert de guide, travaille à son insu, sous la dénomination d'instinct, complète les mesures de sûreté, est distribuée dans la vie animale à proportion qu'il y a une longue ou courte vie à protéger et elle remplace chez l'homme toutes les armes d'attaque et de défense. C'est en elle que consiste sa supériorité et elle rend l'homme d'autant plus formidable en lui offrant les moyens de voiler et de cacher les émanations de sa volonté, tandis que cette dernière se trouve tellement prononcée chez les animaux que chaque espèce représente un certain type de caractère.

A ce que quelques philosophes de l'antiquité ont nommé des idées dans la nature, Schopenhauer substitue le mot: gradations. De ces gradations sont sortie les trois différents règnes: le règne animal, le règne végétal et le règne minéral avec leurs subdivisions.

Nous ne nous sommes occupés jusqu'à présent que du règne animal, et nous avons vu qu'en lui la volonté trouve d'une certaine façon une corporisation, c'est-à-dire que la volonté devient visible par les formes et les manifestations en général. Si quelque chose agit visiblement devant nos yeux, il doit être permis de conclure, que ce qui agit encore peut aussi avoir agi primitivement, et ce principe établit la thèse, que la volonté a formé la matière et a présidé dès le commencement à l'organisation.

Il reste maintenant à examiner si nous rencontrons aussi la volonté dans les deux autres règnes; mais avant d'entrer en matière il faut s'entendre sur la notion de la volonté. La sphère de volonté renferme tout désir, toute ardeur, toute tendance vers un point ou un but quelconque. Si les efforts pour atteindre quelque chose sont très déterminés et poursuivis avec conséquence on donne à ce vouloir très marqué, le nom de caractère. La notion de la volonté dans ce sens général étendue permet donc de se servir du mot: volonté comme d'une expression de genre pour toutes les manifestations ci-dessus mentionnées, et Platon a même déjà parlé dans ce sens des désirs des plantes.

Et en vérité nous trouvons dans le règne végétal des tendances très prononcées. Les cimes des arbres se développent toujours dans une certaine direction, la direction verticale si la lumière qui est principalement sympathique aux plantes, ne les en détourne pas. Les racines cherchent partout l'humidité et le sol fertile, et elles font même de grands détours pour y parvenir. Un grain mis dans la terre pour germer, quelque soit la pose qu'on lui donne, poussera toujours ses racines par en bas et la tige par en haut. Des champignons, pour paraître à la lumières, exécutent quelque fois des exploits vraiment héroïques en forçant des murs, en brisant de grosses pierres. La branche d'un arbre tournée de manière, que la face des feuilles se trouve dirigée vers la terre, produit le phénomène, que les feuilles tournent leurs tiges de telle sorte, qu'elles reprennent leur position primitive. Les pommes de terre, qui germent dans les caves, dirigent leurs tiges vers la lumière. Les plantes grimpantes cherchent partout des appuis et font des efforts inouis pour les atteindre.

Il se trouve donc dans le règne végétal quelque chose qui est actif, qui pousse et qui vit; quelque chose de pareil à ce que nous avons rencontré dans le règne animal et qui s'est montré comme volonté.

Mais si la volonté est la même, sa manifestation s'opère au moins en apparence par d'autres causes dans les deux règnes en questions. Dans le règne animal où les individus sont pour leur conservation plus ou moins doués de l'intelligence, la volonté agit avec connaissance et par conséquent par des motifs, tandis que dans le règne végétal le moteur est l'irritabilité, quelque chose de mystérieux, qui fait aussi que les animaux prennent en partie tant de soins pour leur postérité. Cependant l'irritabilité et le motif ne sont que différentes dénominations pour la même chose; car le motif produit également une irritation, d'après laquelle la volonté entre en action. La plante se tourne vers le soleil par irritation et l'animal cherche cet astre aussi par irritation; mais au moyen de l'intelligence il a connaissance de l'effet que produit cette action sur son corps.

La volonté, comme caractère, présente une curieuse observation. Elle se reconnait le plus difficilement aux deux extrémités de la création, c'est-à-dire dans la partie la plus basse et dans la partie la plus élevée, dans l'homme, et dans la nature, soi-disante morte ou dans les phénomènes physiques en général, tandis que le caractère est bien prononcé dans ce qui se trouve entre ces deux extrêmes.

Si nous avons affaire à certaines espèces d'animaux et de plantes, nous savons d'avance à quoi nous en tenir. Nous savons que le chien est dévoué et fidèle, le chat faux, le renard rusé etc., que telle plante aime l'humidité, telle autre le sol sec; à quelle époque elle pousse ses feuilles, à quelle autre elle entre en floraison ou nous offre enfin ses fruits. Dans l'homme et dans le règne minéral et physique le caractère est plein de mystères. La cause en est que nous ne pouvons le reconnaître qu'a posteriori ou par l'expérience, et l'homme, doué du libre arbitre, peut cacher et voiler sa volonté, tandis que dans le règne minéral et physique sa manifestation passe le plus fréquemment inaperçu, ou demande un si long intervalle, que ces phénomènes se présentent sans cohérence à nos yeux. Néanmoins on peut aussi y observer des tendances bien prononcées. Chaque corps, lancé dans l'air, retombe verticalement vers la terre et nous appelons ce mouvement constant la loi de la gravité. La matière fluide, l'eau par exemple, suit la même loi en cherchant le terrain descendant. D'autres matières se dilatent ou se retrécissent par l'influence de la chaleur et du froid. Des corps mis en contact avec d'autres substances entrent, d'après certaines règles, en cristallisation. Deux sels de différentes sortes réunis ensemble, se décomposent réciproquement et forment de nouveau un autre corps.

Nous voyons dans tout cela activité, mouvement et force, quand les circonstances sont favorables, nous savons que toute matière et substance qui devient phénomène, c'est-à-dire visible, doit être activée par quelque chose que nous avons appelé la volonté et qui se manifeste dans les deux règnes précédents par des motifs et par l'irritabilité. Dans le règne minéral et physique nous avons expliqué cette activité à la faveur des circonstances; mais ces circonstances ne sont autre chose que des causes, lesquelles sont synonymes dans leurs effets avec les motifs et l'irritabilité, et tous les trois ont donc pour source commune la chose primitive, la volonté.

Il faut encore, comme un fait assez singulier, noter, qu'il y a presque dans toutes les langues des expressions où l'on reconnaît, pour ainsi dire, instinctivement la volonté dans les choses; car nous disons: l'eau bout; elle veut déborder; le feu ne veut pas brûler; la corde, une fois tordue, veut toujours se retordre etc.; et dans la chimie on parle de l'avidité de telle ou telle substance.

De l'idée de Platon et de l'objet de l'art.

(Les mots: volonté et caractère, de même que idée et gradation, sont dorénavant employés comme synonymes.)

Tout ce qui existe a été présidé par quelque chose qui a créé ces existences d'après certaines règles qui les régissent encore, et ce quelque chose ce sont les idées de Platon. Schopenhauer nomme ces idées gradation et elles sont, selon lui, le produit de la volonté. Les vues de Platon et de Kant ne diffèrent pas beaucoup en ce point. Le premier dit: les choses de ce monde, aperçues par nos sens, n'ont pas une existence réelle, elles n'existent qu'en apparences; car si notre organisation était autre, tous les phénomènes se montreraient aussi autrement. L'idée qui se réfléchit en telle ou telle chose, ou en tel ou tel animal, est seule réelle.

Kant dit: Cet animal est un phénomène dans la succession du tems, dans l'espace et soumis aux lois de la causalité. Les choses sont toutes le produit de notre intelligence; donc toutes les qualités que nous attribuons à cet animal ne viennent que de nous et changent aussitôt que notre intelligence devient autre.

Il existe ainsi entre les vues de deux philosophes cette différence que la chose en soi de Kant ne se présente pas comme un objet visible, tandis que la même chose chez Platon, c'est-à-dire les idées, sont phénoménales.

Schopenhauer par sa thèse: la chose en soi, c'est la volonté, concilie d'une certaine manière ce différend dans les opinions. Car la chose en soi, ou la volonté n'est point visible, si elle ne se manifeste pas par un phénomène, mais aussitôt que la volonté devient phénomène, elle marque aussi une idée, ou selon Schopenhauer une gradation, et comme telle sa perception est alors soumise à nos connaissances a priori et dépend de l'organisation humaine et des changements qui peuvent s'opérer en elle.

L'intelligence n'est pas primitive, il n'y a que la volonté, et ce n'est que pour protéger ses phénomènes et assurer davantage leur existence, qu'elle les a dotés, selon le besoin de la sureté de la première. C'est comme un conseiller auprès d'un maître absolu, qui est plus ou moins fréquemment écouté, mais rarement suivi, surtout dans le cas, où le conseil est très opposé aux intentions des désirs.

Dans l'animal la servitude de l'intelligence est complète, elle ne sert là qu'à satisfaire la volonté de l'individu; mais dans l'homme elle se trouve quelque fois tellement prépondérante, qu'elle acquiert périodiquement et pour plus ou moins longtems, l'autorité. Dans ces époques ou moments suprêmes de l'intelligence l'individu se détache de l'influence de la volonté, s'abime dans des contemplations, s'oublie lui-même et reconnait dans les choses, l'essence, c'est-à-dire les tendances de la volonté ou ses produits, les gradations.

Là où la force et l'activité de l'intellect se manifeste souvent de la sorte et s'étend sur beaucoup de phénomènes, elle révèle le génie. Si l'individu doué de cette haute intelligence s'identifie complètement avec la volonté qui règne dans les phénomènes, il pourra reproduire lui-même les manifestations, soit par la plastique, soit par la poésie ou la musique et le génie devient dans ce cas artiste. Ces manifestations de la volonté contenue dans les gradations ou dans les idées, ainsi corporisées, sont toujours vraies, restent éternellement les mêmes; car comme la chose primitive, comme la chose en soi, elles ne sont soumises ni à la succession du tems, ni à l'espace, ni aux lois de la causalité.

Tant que l'organisation humaine restera la même, tant que de nobles sentiments feront supporter les maux et même la mort avec résignation, tant que l'amour paternel, sera le sentiment le plus puissant, le groupe de Laokoon, par exemple, restera toujours une vérité, une manifestation sublime de la volonté dans la nature humaine.

Aussi longtems et aussi souvent que se rencontrent des qualités et des circonstances telles que nous les décrit Schiller dans son Wallenstein, la manifestation de la volonté de l'homme se montrera aussi toujours telle, qu'elle est représentée dans ce héros.

De même une musique qui repond sous tous les rapports à la situation et aux sentiments des personnes qui doivent nous toucher, nous émouvoir, nous calmer ou nous atterer, nous plaira toujours tant que l'organisation humaine ne changera pas.

Un appanage de l'artiste génie est, outre la perfection dans la technique, le choix du sujet qu'il tire et détache d'un ensemble quelque fois bien embrouillé pour nous le présenter dans une oeuvre isolée. S'il a réussi en tout cela il produit dans l'homme intelligent et sensible une disposition pareille à celle qu'il a éprouvée lui-même, c'est-à-dire que le dernier s'abime dans la contemplation, parce qu'il est frappé de la vérité avec laquelle est saisie l'idée et il se trouve pour quelque tems comme émancipé de toute contrainte du vouloir. Nous attribuons à tout ce qui peut produire en nous cet agrément le titre de beau et de sublime, et la cause de cet agrément est, que l'intelligence acquiert le dissus sur la volonté et lui impose silence. Car tout vouloir a sa source dans un manque, dans un besoin, dans une sorte de peine, et cette source est intarissable; le vouloir va jusqu'à l'infini; chaque voeu, chaque désir rempli en fait naître d'autres, et aussi longtems que notre conscience est au servage de la volonté, il n'y a pour nous ni repos, ni calme, ni bonheur. C'est selon la mythologie grecque la roue d'Ixion, le tonneau des Danaïdes, le rocher de Sisiphus. Auprès de la beauté que nous admirons dans la nature ou dans les oeuvres de l'art, il y a encore le sublime qui produit le même effet, cependant le procédé pour y arriver va par un détour, c'est pourquoi, ne jugeant que d'après la première impression, on peut dire, que l'effet du beau est le calme et celui du sublime l'agitation. La première impression du sublime cause toujours une espèce d'humiliation, nous éprouvons à son aspect notre faiblesse et le peu que nous sommes; car les éléments du sublime sont d'une puissance bien supérieure à la nôtre et toujours ennemis de notre propre volonté. Mais l'intelligence calme peu à peu la volonté blessée et en triomphe enfin; la contemplation des idées supérieures qui se manifestent dans le spectacle du sublime gagne le dessus, le sujet s'oublie par la grandeur de l'objet et se relève par la pensée qu'il est lui-même une partie de cette grande volonté générale et que ces phénomènes, quelques imposants qu'ils soient, n'existent que qar l'intelligence du sujet même.

Le beau et le sublime ont différentes nuances et leur plus ou moins haut dégré dépend de la gradation dans laquelle se trouve l'objet — c'est-à-dire que comme objet, l'arbre est moindre que l'animal et l'animal moins que l'homme etc. — puis de la manière dont la manifestation de la volonté est saisie et représentée pour nous aider à comprendre l'idée qui est inhérente à l'objet.

Il y a encore une autre expression pour ce qui nous plait quand nous disons: cette chose est attrayante. Mais dans l'attrait a justement lieu le contraire de ce que nous éprouvons à l'aspect du beau et du sublime. L'intelligence a là le rôle secondaire et la volonté est dominante, parce que les désirs sont si vivement excités, qu'ils se trouvent attirés par l'objet. Dans ce qui est dégoûtant le même procédé se passe; la volonté en est tellement affectée, qu' elle se révolte contre l'aspect et que l'intelligence ne peut pas obtenir l'empire.

C'est pour la même raison que toutes les oeuvres de l'art doivent aussi sous le rapport de la beauté entièrement faire abstraction du but ou de l'utilité, car ces deux choses sont du domaine de la volonté individuelle, tandis que les beaux arts n'ont affaire qu'avec l'intelligence en général. Ces principes appliqués aux différentes formes des oeuvres de l'art, la beauté de l'architecture consistera à mettre en harmonie deux éléments ennemis par leur nature, la pesanteur et la rigidité et à faire cela de manière, que toutes les parties se trouvent dans une juste proportion et qu'il n'y ait rien de superflu. La masse de la pesanteur doit être distribuée de telle sorte, qu'elle réponde dans son ensemble et dans ses parties aux soutiens qui doivent la porter et que les voûtes, les piliers et les colonnes aient juste les dimensions qui sont nécessaires pour le poids à supporter. L'essence de la beauté architecturale se trouve là dedans, car nous serions bien desappointés, si nous remarquions, que l'édifice, que nous avons admiré, était en l'examinant de plus près, construit de bois ou de pierre-ponce et ainsi d'une matière, pour laquelle les lois de l'idée primitive n'étaient pas du tout applicables. L'art des aqueducs doit saisir l'idée de la pesanteur du fluide et le rapport qu'elle a avec la rigidité et transformer le caractère de ces deux éléments en phénomènes tels que des cascades, des cataractes, des fontaines, des jets d'eau, des sources avec tout ce que peut les accompagner, comme le bruissement, l'écume etc.

Si dans les objets d'art, pris dans la plus basse gradation ou dans le soit-disant règne inanimé, là où le moteur n'est que gravité, cohésion, rigidité, fluidité etc. la volonté une fois reconnue est facile à corporiser; cette opération devient déjà plus difficile dans le règne végétal et animal où les manifestations de la volonté se multiplient et varient beaucoup. Cependant chaque espèce porte un certain caractère et cette circonstance simplifie la découverte des tendances. Mais chez l'homme la difficulté atteint le comble, car son caractère est double, il est général et individuel et outre maintes variations que renferme déjà le premier, le second est presque indéchiffrable dans ses phénomènes.

Si l'art traite l'homme, soit comme espèce, soit comme individu, il doit avant tout représenter un type digne d'un être destiné par la volonté générale à regner dans le monde par les dons élevés de sa propre volonté et de son intelligence. De justes proportions dans le physique, l'harmonie de l'ensemble, une expression intelligente liée à cette fermeté intérieure qui sait dominer les désirs et les douleurs mêmes, peuvent seuls convenir au maître de la création.

On ne trouve jamais toutes ces qualités réunies en réalité, car il semble que la volonté primitive ait rencontré ci et là des obstacles pour amener son oeuvre à la perfection. Pour donner le type de l'homme dans la conception indiquée, l'artiste doit pourtant chercher partout les perfections disséminées pour en construire sa beauté idéale.

Ce même respect pour la dignité humaine doit règner, quand il s'agît de faire voir dans les individus ou dans leurs actions des traits caractéristiques, qui blessent cette dignité aussitôt qu'ils deviennent des caricatures.

C'est pour cette raison, que dans la polémique si Laokoon criait, ou s'il ne criait pas, Lessing s'est décidé pour la négative, car autrement la figure tournerait à la laideur. Schopenhauer tranche la question d'une autre façon en disant, que Laokoon ne peut pas crier, parce que crier n'est pas un objet qu'il soit possible de représenter par la sculpture.

L'opposé de tout ce qui touche à la carricature c'est la grâce, qui consiste en ce que chaque pose, chaque mouvement ait lieu sans la moindre difficulté et dans la plus parfaite harmonie avec la volonté, et comme telle, elle est un des appanages les plus importants de la beauté.

Dans les actions, que l'art prend comme sujet de représentation, il faut distinguer entre leur importance extérieure et leur importance intérieure. La première est de peu de valeur, elle n'est qu'accessoire; car peu importe que ce soient des ministres se disputant sur de hautes questions politiques concernant les intérêts des peuples et des pays, ou des paysans qui se querellent dans un cabaret à cause d'un coup de cartes; mais il est d'un haut intérêt de savoir comment la volonté se manifeste dans les disputeurs, parce que dans ces phénomènes se réverbère le caractère humain pour tous les tems, et nous les faire voir de cette manière, c'est la tâche eternelle de l'art, c'est ce qui constitue l'importance intérieure.

Il faut aussi ranger au nombre des accessoires l'allégorie et le symbole, qui tous deux, quant à l'art plastique, sont même plus nuisibles qu'utiles. Comme choses conventionelles; ils ne sont pas compris de tout monde, et là où l'on peut en supposer l'entendement, ils troublent toujours, par l'abstraction qu'il causent, l'attention concentrée sur l'objet principal.

En poésie l'allégorie, la parabole, la métaphore et le symbole sont en quelque sorte la matière même, qui doit produire par des notions ce qui est visible dans l'art plastique et leur application en constitue donc une partie essentielle.

Si la poésie, qui nous parle par des notions, a l'avantage de la succession du tems et peut par là compléter davantage les phénomènes de la volonté, l'art plastique est mieux favorisé par la circonstance qu'il frappe d'un seul coup et que tout ce qui est vu, impressionne mieux, que ce qui est offert par des notions; car il faut toujours, pour avoir une image de l'idée, reproduire ces notions en soi au moyen de l'imagination, ce qui est un travail d'esprit qui affaiblit très souvent l'objet.

La musique doit presque être regardée comme un art à part. Elle s'occupe moins de reproduire le phénomène de la volonté individuelle, mais plutôt de nous faire sentir la généralité d'une idée. Elle n'a point d'expression pour une joie, pour une douleur, pour une terreur ou pour une gaieté particulière, mais des tons, des mélodies pour tous ces sentiments et dispositions intérieures en général. Elle agit néanmoins vivement sur nous, parce qu'elle nous communique, sans intermédiaire et directement, une volonté, une idée quelconque de la nature. Une musique lugubre ou gaie, sans voir et sans connaître les exécuteurs, nous met successivement dans la même disposition. Nous sommes sous l'empire du compositeur qui sait nous faire sentir par son langage musical les mouvements de la volonté, qui forment le noyau d'un événement; mais nous nous dérobons à cet empire, si la musique n'est que la simple imitation d'un phénomène, comme cela arrive dans „les saisons", dans „la création" de Haydn, et dans toutes „les pièces de batailles." Vouloir individualiser, c'est contre la nature du fluide harmonieux; ses gradations ou ses idées sont contenues seules dans ses différents tons, dont la basse, comme le ton fondémental de toute la musique, représente le monde inanimé, et les autres voix ou sons, jusqu'aux tons les plus élevés, les autres règnes. La mélodie, comme la partie la plus parfaite, répond à l'homme et comme lui, elle semble aussi toujours en lutte avec les désirs, lutte qui s'exprime tantôt par des airs plaintifs et gais, tantôt par des airs mélancoliques, fougueux ou folâtres.

De l'affirmation et de la négation de la volonté.

La volonté, considérée en soi, sans entendement, est un désir perpétuel qui produit tous les phénomènes dans l'univers et qui se manifeste continuellement dans ces phénomènes mêmes. Cette activité sans relâche, c'est la vie, et parler de la volonté, n'est autre chose que parler du vouloir vivre.

Ce vouloir est l'essence de l'univers, et la vie, c'est-à-dire le monde visible, est son phénomène, et la vie est assurée aussi longtems, que la volonté de vivre existe. L'individu, il est vrai, parait et disparait, mais il n'est que le phénomène et non pas la volonté en soi, et comme tel il est soumis aux lois de la succession du tems, dont la naissance et la mort font également partie; cependent hors de ces lois se trouve la volonté en soi avec ses émanations, les gradations ou les idées.

La mythologie des Indiens, celle des Grecs et des Romains sans avoir eu là dessus des notions claires, exprime cela instinctivement par des symboles, en représentant sur les sarcophages des fêtes, des danses, des cérémonies de mariages etc., comme pour faire entendre par là, que la mort, loin d'être un sujet de tristesse, n'est qu'une des conséquences de l'ordre général et est aussi essentiel que la naissance. La pensée de la mort certaine de l'individu et de la continuité seule de l'existence de la chose en soi, nous remplirait cependant de sentiments semblables à ceux du criminel condamné à la mort, si nous n'avions pas la conscience d'avoir en nous une partie de cette chose en soi, ou de cette volonté générale impérissable. La mort ne sépare donc que le phénomène individuel des autres phénomènes, mais ce qui a fait agir et dirigé cet individu, comme chose en soi et hors de la succession du tems continue à exister et voilà la perpétuité dont le sentiment nous donne instinctivement de la consolation.

L'individu, étant l'oeuvre de la volonté ou de la chose primitive, doit porter déjà comme phénomène toute l'essence de cette volonté et il doit comme phénomène obéir aux lois des causes, de l'irritabilité et des motifs qui sont des émanations de la volonté générale, dont la volonté individuelle est une partie.

Il résulte de là que le soi-disant libre arbître est très peu de chose et que la doctrine chrétienne de la prédestination par la grâce céleste joue sans doute un plus grand rôle dans notre existence. Cette grâce céleste fait que nous modifions et ennoblissons nos désirs à l'aide de l'intelligence.

L'envie de posséder est une émanation de l'égoïsme, et l'égoïsme une émanation de la volonté pour la vie. Ce désir, qui n'est pas à déraciner, peut se satisfaire par le meutre, par le vol, par la fourberie, mais aussi par le travail, par la parcimonie etc.

Ainsi, la volonté, sans changer dans son essence, peut subir des modifications et devenir plus délicate dans le choix des moyens. Voilà le seul libre arbître qui existe! Et cette liberté de choix dans quelle mer de doutes et de tourments ne nous plonge-t-elle pas? La lutte contre la volonté est continuelle: car notre existence se partage entre vouloir et atteindre et une troisième chose, l'ennui, qui n'est pas un moindre fléau.

Les causes de nos douleurs et de nos joies se trouvent moins dans les choses réelles, que dans les pensées abstraites, car ce sont elles qui font naître le repentir et les angoisses de la conscience, qui sont les peines les plus cruelles. Pour les amoindrir l'homme a eu même quelque fois recours aux douleurs physiques.

Une privation, comme chose momentanée et appartenant au présent nous devient bien plus facile à supporter, qu'une résignation qui décide de toute une série de privations dans l'avenir.

Puis une résolution prise, une action commise et reconnue après, soit par les suites, soit par le changement de nos idées, comme fausse, cause ces pénibles reproches que nous faisons alors à notre intelligence, reproches qui se changent en une anxiété douloureuse si nous sentons, que nous avons affaire à une volonté indomptable, qui nous dirige mal, sans que nous soyons sûrs de nos forces pour la corriger.

Dante a fait une description parfaite et bien détaillée de toutes les peines et de tous les tourments de l'enfer, mais il expose en bien peu de mots les joies du paradis; car à l'égard du dernier il ne présente que les doctrines de ces ancêtres et celles de quelques saints. Ne semble-t-il pas, que la matière pour faire une description de la béatitude lui ait manqué, tandis que le monde lui avait fourni assez de maux pour faire un tableau complet de l'enfer?

Si notre intelligence nous a fait voir les effets de la volonté, il dépend de notre volonté individuelle de l'affirmer ou de la nier. L'affirmer c'est accepter la vie telle qu'elle est, la nier c'est anéantir la volonté en nous par une constante opposition.

L'affirmation renferme comme conditions: de conserver l'individu, de le pourvoir de toutes les nécéssités de la vie, de propager sa race; mais aussi de respecter strictement l'affirmation de la volonté chez d'autres êtres; car ne pas reconnaître la leur, ce serait affirmer et nier en même tems et conséquemment une contradiction. Ce respect regarde aussi bien l'individu, que tout ce qui lui appartient. Mais par les dispositions égoïstes de l'homme une conduite qui ne se permet jamais d'invasions dans la sphère de volonté d'autrui, n'est pas si facile à tenir; elle exige autant de l'intelligence, que de la fermeté à dompter les propres désirs.

Ces irruptions dans les limites de volonté des autres sont qualifiées de torts ou d'injustices, et renferment en première ligne le meurtre, la mutilation préméditée, chaque lésion d'un corps humain, y compris les coups portés, chaque subjugation d'un autre individu et chaque attaque sur une propriété étrangère, qui est le produit d'un travail ou d'une peine quelconque du propriétaire. Il faut appuyer sur ces deux attributions, parce que c'est par elles seules, qu'elle devient une vraie propriété, c'est-à-dire une chose identifiée avec notre corps et par lui avec notre volonté. Le droit de propriété selon cette déduction donne au propriétaire un pouvoir si illimité sur une chose, qu'il peut la regarder comme une partie de son corps même et disposer librement d'elle, soit par l'échange, soit par la donation, et toujours de manière, que le nouveau propriétaire entre dans les mêmes droits que le prédécesseur.

Puisque l'invasion dans la sphère de volonté d'autrui constitue seule le tort, refuser à quelqu'un son secours, le laisser mourir même de faim par exemple quoiqu'on ait de quoi l'empêcher, peut-être une chose cruelle et diabolique, mais ce n'est ni un tort, ni une injustice.

Le tort s'exerce par la force ou par la ruse, et la première parait moins honteuse, que la dernière qui fait supposer toujours une sorte de faiblesse et de peur. Pour réussir la ruse falsifie les motifs et emploie le mensonge, lequel anéantit toute confiance et brise le lien qui unit les hommes par le respect réciproque des droits. Par là s'explique aussi le profond mépris qu'entraîne l'infidélité et la trahison.

Le droit le plus parfait résulte du contrat, de même que sa rupture passe pour le mensonge le plus accompli; car c'est pour faire cesser des droits équivoques qu'on fait des stipulations sur de certaines prestations de part et d'autre.

L'homme qui est attaqué dans ses droits absolus, peut, sans commettre un tort, repousser ces attaques avec les mêmes armes, c'est-à-dire employer la force et la ruse, et cette dernière parait même permise dans ce degré, qu'il peut, par exemple, l'argent qu'on lui a volé, tâcher de le regagner par un jeu tricheur.

Mais dans l'état de nature l'individu, quoique maître de ne pas faire de mal, ne l'est nullement d'empêcher qu'il ne le subisse pas, parce que cela dépend de la supériorité de la force physique ou intellectuelle des autres. Cet inconvénient a conduit au contrat social dans lequel règne la loi. Ce contrat est plus ou moins parfait, selonqu'il respecte plus ou moins les droits absolus ou naturels des individus.

En général les républiques ont un peu de penchant vers l'anarchie; les monarchies vers le despotisme et le juste-milieu, inventé pour éviter ces deux écueils, c'est-à-dire les monarchies constitutionnelles ont une tendance vers la domination des factions.

Les lois qui émanent du contrat social ont donc le but d'empêcher l'injustice et le tort, sans se soucier cependant ni des pensées, ni des sentiments des individus, et en ne s'occupant que des faits. Ainsi le contrat social n'est nullement contre l'égoïsme en général, mais contre ses débordements nuisibles, et en punissant ces derniers il devient en quelque sorte une institution morale.

Il va sans dire, que cette supposition n'est vraie que dans le cas, où la législation est basée dans son essence sur la pure doctrine du droit, et où la justesse de ces thèses peut être prouvée par les principes de la morale.

Le droit pénal opère par la crainte du châtiment, et il résulte de là, que la peine de chaque crime doit être fixée d'avance ; car ce n'est que la vengance qui mesure sa manière d'agir d'après le fait.

La justice temporelle est donc une affaire d'avenir, tandis que la justice éternelle est toujours du présent. Elle se manifeste continuellement dans chaque être humain, mais en se dérobant fréquemment à son intelligence. Elle a son origine dans la volonté sans frein, qui tourmente les autres pour satisfaire ses désirs et est tourmentée par sa propre insatiabilité. A cela viennent encore se joindre les angoisses de la conscience, qui, la passion une fois calmée, nous font voir les choses sous un autre jour ; car en général le sentiment du tort est inhérent en nous. Il fait que nous éprouvons une certaine satisfaction à voir quelqu'un subir les mêmes douleurs qu'il a causées aux autres, et que de grands crimes, non punis, forment quelque fois des caractères qui n'ont pour toute tâche dans leur vie que de les venger, quoiqu'ils prévoient par là leur propre mort. C'est comme si la volonté général se revoltait contre l'injure faite à l'humanité et qu'elle chargeât alors quelqu'un de punir ce crime pour en décourager une génération future.

Le sentiment du tort a sa source dans l'instinct humain, qui nous fait comprendre, qu'en blessant la volonté d'autrui, cette volonté dont nous faisons nous même parti, nous agissons en quelque sorte contre nous-mêmes.

Les lois éthiques qualifient les actions par les mots bon ou mauvais. La notion du mot bon est essentiellement relative, et exprime la conformité d'un objet avec un désir. Donc, tout ce que peut satisfaire la volonté individuelle est désigné par le mot de bon. Nous parlons dans ce sens d'un bon diné, de bons chemins, de bonnes augures etc.

Le bon est qualifié d'agréable, quand il est relatif au présent, et d'utile quand il n'a rapport qu'à l'avenir.

Le contraire du bon, c'est le méchant ou le mauvais, selon l'application à un individu ou à une chose. Il marque toujours quelque opposition contre une volonté quelconque. Nous qualifions les hommes qui agissent pour ou contre nos désirs de bons ou de méchants.

Tous les systèmes éthiques s'appuient également sur les doctrines philosophiques et sur celles de la foi, en cherchant à unir la béatitude à la vertu, soit en admettant la première comme la conséquence de la dernière, soit en nous montrant les récompenses dans l'autre monde. Mais d'après cette manière de voir résulte, qu'on a beau se tourner comme on veut, on ne trouve toujours, qu'une vertu intéressée, et une telle vertu ne peut jamais avoir de valeur. Son essence doit donc être autre et les motifs des actions doivent être puisés à une source plus pure. Cette source c'est la négation du mal en général, ou la justice, qui nous empêche au moyen de notre intelligence de faire jamais irruption dans la sphère de volonté des autres, ni par la peur de la punition, ni par la perspective d'une récompense quelconque; mais seulement par le libre arbitre, en reconnaissant en nous une partie de la volonté générale et en considérant que nous agissons d'une certaine manière contre nous-mêmes en faisant du mal aux autres. Si chaque différence qui existe entre nous et nos semblables tombe par la conviction intérieure, et que nos actions répondent à cette manière de voir, nous sommes bons; mais nous sommes plus ou moins méchants en agissant plus ou moins contre cet axiome. Cet axiome est aussi identique avec l'amour réciproque et ce que le Sauveur a enseigné par les mots: „Aime ton semblable comme toi-même." Et quand il dit dans sa prière: „Eloigne de nous toute tentation", le sens ne peut être autre, qu'empêche nous de voir dans nos semblables des êtres inférieures ou autres que ne nous sommes nous mêmes.

Le droit de l'homme sur la vie et sur l'usage des animaux est basé sur cette conviction de la conscience, que les douleurs, attachées à la mort et au travail ne sont pas aussi grandes, que celles que subirait l'homme par la privation de leur chair et de leurs forces. On voit par là jusqu'où l'être humain peut aller dans la négation de l'existence des animaux dans l'intérêt de sa propre existence.

Le respect pour la volonté des autres, qui est le résultat de la connaissance du principe individuel, produit donc l'amour désintéressé, qui se montre à un moindre degré par la justice et à un plus haut degré par la bonté des sentiments en général. Comme cet amour tend à épargner toutes les douleurs et toutes les peines à l'égard de la vie des autres, il faut les connaître et les sentir soi-même; ce que s'opère par la compassion, qui devient par là l'égal de l'amour et se sert aussi pour exprimer ses épanchements du même ton, des mêmes paroles et des mêmes caresses que ce dernier.

On a l'habitude de mettre en rapport avec la douleur les pleurs, quoiqu'ils paressent plutôt le résultat de la pensée, qu'une douleur quelconque puisse se répéter. Nous pleurons sur les douleurs d'autrui, parce que notre imagination nous met à la place de ceux qui souffrent, c'est donc une compassion qu'on éprouve en soi-même. Les conditions de ce phénomène sont l'amour et l'imagination, et les hommes qui ont un coeur dur et qui sont dépourvus d'imagination ne pleurent que très rarement. Les enfants qui éprouvent une douleur ne pleurent ordinairement, que quand on commence à les plaindre, c'est donc plutôt l'idée de la douleur, que la douleur même qui les fait verser des larmes.

Notre intelligence nous montre deux grands principes primitifs qui se croisent toujours dans la vie humaine: la volonté individuelle qui est sans cesse dirigée vers un bonheur chimérique, et la volonté générale qui ne semble s'occuper qu'à détruire ce qui peut nous rendre heureux.

Si l'affirmation de la volonté avec les devoirs qu'elle nous impose, pèse trop lourdement sur nous, nous pouvons nous débarasser de notre forme par le suicide; mais cette action, au lieu d'être une négation de la volonté, est au contraire sa plus forte affirmation; car c'est parce que l'individu n'a pas la force de cesser de vouloir, qu'il cesse de vivre. Il tue la matière, le phénomène de la volonté, et l'essence, la volonté même reste intacte.

Toutes les éthiques, soit religieuses, soit philosophiques, condamnent aussi le suicide, mais elles le font par des raisonnements sophistiques.

Il existe pourtant un suicide qui entre dans la catégorie de la négation de la volonté, c'est lorsque la mort s'opère successivement par la privation des aliments, dans le but de ne satisfaire aucun des besoins qui ont rapport à des désirs.

Le seul chemin qui puisse conduire à la délivrance consiste donc dans l'anéantissement complet de la volonté même, en la niant partout et toujours. Et si l'opposition que nous lui faisons périodiquement dompte notre égoïsme, et soulage déjà beaucoup les peines de notre propre vie et celles des autres, la négation parfaite ramène l'individu à l'heure suprême dans le sein de la nature où il n'appartient plus à ce monde; mais pour ce qu'il devient alors, il nous manque l'image, la notion et le mot. La doctrine arrivée à ce dernier point, finit elle-même par une négation. Elle la recommande sans pouvoir offrir comme dédommagement autre chose que le rien. Cependant ce rien n'est que relatif et non pas absolu. Il n'existe que par le point de vue de notre intelligence, qui ne peut pas sortir des limites phénoménales, mais, qui autrement organisée pourrait nous offrir peut-être une autre perspective. Et cette doctrine de l'affirmation et de la négation de la volonté est conforme à l'esprit du Christianisme, comme elle est contenue dans les livres saints des Hindous et comme elle est la base de toute éthique.

L'homme entre coupable dans la vie; il est le produit de deux passions aveugles; car le mariage même n'est qu'une concession faite pour ceux dont la volonté n'a pas assez de force pour pouvoir y résister. Voilà le péché originel; voilà la nécessité de l'origine du Sauveur par une vierge.

Mais nous avons le libre arbitre de nous défaire de la volonté pécheresse, si l'intelligence nous vient en aide et nous montre l'erreur des désirs. Cette force d'esprit supérieure s'appelle „l'action de grâce" et se manifeste par la justice, par l'amour du prochain à un tel degré, que l'égoïsme disparait entièrement, et enfin par la négation complète de la volonté. L'église chrétienne a pour ce changement, qu'elle éxige de même que l'éthique, la dénomination de „régéneration" et de „transformation."

Pour nous montrer le chemin du salut, pour nous encourager à la lutte difficile, nous est donné l'exemple sublime de Jésus. Son corps humain c'est l'affirmation de la volonté, et la négation absolue c'est le saint esprit, mais toutes deux sont créées par le père et inhérentes au fils.

Si le bonheur terrestre et enfin la rédemption nous viennent de la domination de la volonté et finalement de l'entière négation de cette dernière, toutes les doctrines et tous les exercices qui y tendent sont principalement propres au salut humain.

L'église catholique répond sous ce rapport plus à son but, que l'église protestante. Elle impose par le célibat, par la chasteté, par le jeûne, par la confession détaillée, des contraintes qui sont toutes propres à ébranler et à tuer la volonté, et conserve dans les exercices des règles claustrales, plus sévères encore, pour étouffer et briser les désirs, des exemples vivants par le vœu de pauvreté et par toutes sortes de mortifications du corps.

L'église protestante, en abandonnant entièrement la doctrine de l'ascétisme, est devenue d'une certaine manière apostate, et a par là peut-être essentiellement contribué à ouvrir le chemin au matérialisme, qui rejette complètement la négation de la volonté et réduit toute existence à un procès chimique, quoiqu'un tel produit ne puisse jamais avoir rien d'organique, ou être une chose active par sa propre irritabilité.

Conclusions.

1. La philosophie de Schopenhauer n'a pas la prétention de vouloir expliquer l'existence du monde par des raisons définitives; elle n'essaye pas de prouver quelque chose qui aille au delà des phénomènes de ce monde; elle nie savoir quel but peut avoir la chose en soi de Kant, mais elle établit l'hypothèse, que cette chose est la volonté, et que c'est d'elle que partent tous les phénomènes de ce monde.

Cette volonté, de même que la matière, se trouve partout dans la nature. La première est la chose primitive et c'est par son action que la matière prend des formes et devient visible pour nous. Ces formes sont, sous le rapport de leur but apparent, c'est-à-dire de la conservation et de la propagation, si parfaites, qu'on peut y reconnaître le principe d'unité et que ce doit être la volonté qui a pour ainsi dire corporisé ses tendances dans les productions.

L'intelligence est la partie secondaire; elle n'est que le résultat de la matière, de cette matière à laquelle la volonté a donné la forme. Elle sert de sauvegarde aux êtres animés continuellement exposés au danger de périr sans elle.

Là, où l'organisation des espèces et des individus n'a pas permis un développement suffisant de l'intellect pour la conservation et la propagation de la vie, la volonté a substitué l'instinct. L'intelligence, comme produit de la matière, périt avec le corps; la volonté seule reste, comme indestructible impérissable.

L'esprit peut tomber en démence, quand le fil des souvenirs est coupé; la volonté ne subit jamais d'altérations qui puissent troubler ses fonctions; mais privée de son guide elle marche sans frein directement vers le but.

La volonté est donc à-peu-près ce qu'on a considéré jusqu'à présent comme l'âme; le point d'union, le point central de la matière et de l'intelligence et en même tems le dominateur absolu de tous les deux.

Dieu est la volonté générale, universelle, la volonté suprême.

2. Le monde nous apparaît comme le produit de l'émanation de cette grande volonté. Il en est entièrement rempli, mais en parties toujours moindres jusqu'aux plus minimes. Ces diverses parties de volonté se manifestent dans le règne physique, dans le règne minéral, dans le règne végétal, dans le règne animal, dans toutes les gradations et dans toutes les espèces jusqu'aux plus petits individus et leurs moteurs ou agens sont: les causes, l'irritabilité, les motifs.

La base de tout vouloir est d'exister, de vivre; de là cette lutte incessante entre les différentes existences, de là ces infractions continuelles dans la sphère de volonté d'autrui.

L'intelligence seule peut aider à mettre des entraves. Elle garantit la conservation par la prévoyance, dompte par la peur et fait reconnaître le juste par sa pénétration.

Cependant si c'est elle qui offre les moyens, l'exécution tombe toujours dans le domaine de la volonté. C'est pourquoi aussi les oeuvres seules, comme produits du vouloir, ont de la valeur; vérité, qui, si elle n'était pas déjà contenue dans les saintes écritures, aurait de l'autorité par la puissance des faits.

3. Pour l'homme l'intelligence est l'arme pour se défendre contre tout ce qui le menace dans la création; arme formidable pour le bien, arme terrible pour le mal. Il a le libre arbitre dans le maniement. Par la manière dont il se sert de l'intelligence, il peut contribuer à augmenter et à prolonger les peines de la vie; mais il peut aussi les amoindrir et s'en délivrer entièrement. Tout le mal vient de la volonté effrénée, qui se montre dans des directions fixes, dans la vanité, dans l'ambition, dans l'orgueil, dans l'envie de dominer, dans la gloire même etc., car la volonté

dans cet état n'écoute ni ne suit le conseil de l'intelligence et se sert même d'elle pour satisfaire ses désirs au lieu de les tempérer et de les modifier par elle.

Une telle manière d'agir ne peut manquer de heurter et de blesser les tendances légitimes d'autrui, et si l'on voulait l'admettre comme une loi générale, une guerre continuelle serait inévitable. Ce ne serait là qu'une affirmation à demi ou contradictoire de la vie, où l'on n'affirme que la propre volonté en niant celle des autres. Pour se défaire de cette erreur les seuls moyens sont l'influence de l'intelligence sur la volonté, et pour les faibles esprits les exemples qu'offre le Christianisme.

A l'aide de ces flambeaux le chemin s'éclaire, et dèslors nous pouvons mettre un frein à nos désirs, et parvenir à une affirmation complète de la volonté qui renferme aussi toujours le respect, pour la sphère de volonté d'autrui; successivement le vouloir s'adoucit et entre dans de nouvelles phases. Vient alors la mort, elle n'anéantit que ce que nous appelons la connaissance de nous-mêmes, mais non ce qui a créé cette connaissance. La vie s'éteint, mais non le principe de la vie. La volonté séparée de son corps cherche et forme une autre matière et cette forme répond déjà mieux à un vouloir modifié par l'intelligence du passé. De phase en phase la volonté se montre moins indomptable, l'intellect est de plus en plus écouté et suivi et le moment se prépare enfin, où, par l'action de grâce nous sommes assez éclairés pour reconnaître le néant de tous les désirs, le néant de toute l'existence terrestre. Cette conviction fait naître la dernière grande résolution de nous délivrer entièrement des entraves et des contraintes de la volonté, en la brisant et en l'anéantisant par une opposition constante jusque dans les moindres choses, et voilà la négation complète de la volonté, qui nous ramène au sein de la nature.

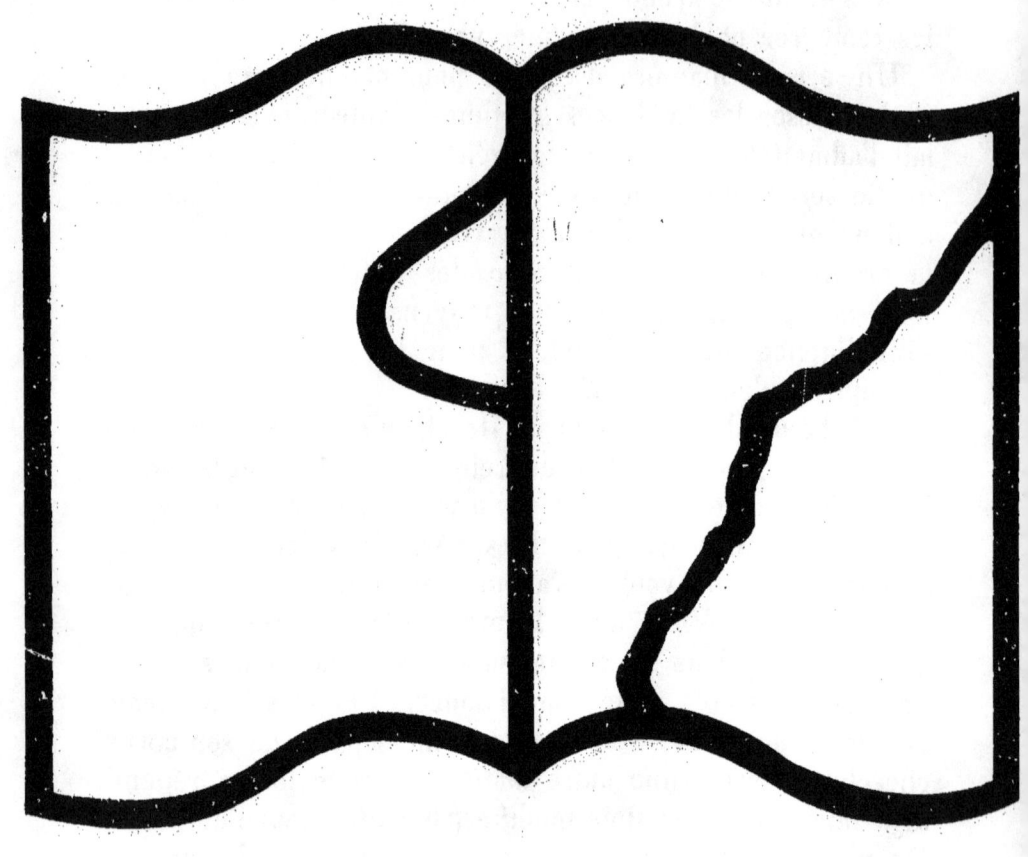

Texte détérioré — reliure défectueuse

NF Z 43-120-11

www.ingramcontent.com/pod-product-compliance
Lightning Source LLC
Chambersburg PA
CBHW060502050426
42451CB00009B/776